블랙커피

강영환 시집

강영환 시집

블랙커피

지은이 강영환
펴낸이 최명자

펴낸곳 책펴냄열린시
주소 48932 부산광역시 중구 동광길 11, 203호
전화 051 464 8716
출판등록번호 제1999-000002호
출판등록일 1991년 2월 4일

인쇄일 2015년 10월 02일
발행일 2015년 10월 05일

값 8,000원

ISBN 978-89-87458-91-5 03810

국립중앙도서관 출판예정도서목록(CIP)

블랙커피 : 강영환 시집 / 지은이: 강영환. -- 부산 : 책펴냄열린시, 2015
p. ; cm

ISBN 978-89-87458-91-5 03810 : ₩8000

한국 현대시[韓國現代詩]

811.7-KDC6
895.715-DDC23 CIP2015024613

자서

1998년 〈현대시〉에서 펴낸 CD롬 시집을 종이책으로 묶으면서 연작시 〈하늘구멍〉을 추가한다.

몇 작품에 가필정정을 했다. 그때 감정이 지금과는 맞지 않는 부분이 있다. 그건 이전 '미숙한 생각'과 '표현 미숙' 때문이 아닌가 여겨진다.

'생각의 미숙' 그 함정을 극복하려 많이 노력하지만 가다듬어지지 않은 태도에 배인 습성 때문에 어쩌지 못한다. 끝이 보이지 않는 생각에 적당한 타협이 늘 '표현 미숙'으로 남는다.

결국 그대 앞에 나는 무엇을 어떻게 세우려 하는가?

2015. 부산에서

목차 4
자서 3

블랙커피

이성복도 마찬가지다 • 8
꼬리가 불쌍하다 • 10
엘리베이터 안에서 • 12
방귀를 뀌며 • 14
눈썹 • 16
두통 • 17
물을 기다리며 • 18
나의 겨울 • 19
갈라진 길에서 • 20
학장대로 • 22
오월 • 23
남남북녀 • 24
용서해다오 • 26
노점상인 • 28
유모차를 미는 아이 • 29
가는 길이 서로 다르지만 • 30
독자전화 • 32
발바닥에게 • 34
처음 그대를 만났을 때 • 35

그 여자 • 36
왕릉에서 • 38
내가 별이 되고 싶었을 때 • 40
침엽수림 건너가기 • 42
강물 98 • 44
입동 지나서 • 46
숲 • 48
눈이 깊어 • 49
일몰 앞에서는 누구나 • 50
좋은 세월을 기다리며 • 52
나는 별이 되지 못한다 • 53
하얀 장미 • 54
언덕을 넘으면 • 56
나는 죽어도 • 58
풀을 위하여 • 60
텃새를 위하여 • 61
슬픈 꽃 • 62
의자 하나가 • 64
금강 • 66
블랙커피 • 67
지붕 위의 참새 • 68
비누 세우기 • 70
X세대 사랑 • 72
책은 어두워지지 않는다 • 74
밥 • 76

높은 구름 • 78
담배 피우는 남자 • 80
강변 아파트 • 81
반체제 • 82
초상화 • 85
움직이는 감옥 • 86
내가 은행나무가 될 때까지 • 88
옥상에서 • 90
복도를 걸어서 • 92
피사체 • 94
구두 • 96
공원 사진사 • 99
고독 • 100
코가 낮아서 • 102
끈을 따라서 • 103
기침소리 • 104
이교도끼리 • 105
달맞이꽃을 향하여 • 106
부산을 위하여 • 108
서울 • 110

하늘구멍 • 112

블랙커피

이성복도 마찬가지다

김혜순 시를 읽으면 나는 김혜순이 된다
이영유 시를 읽으면 나는 이영유가 된다
이성복도 마찬가지다
김혜순 시를 읽지 않을 때
나는 비로소 내가 되는 것일까
이영유 시를 읽지 않을 때
나는 비로소 내가 되는 것일까
이성복도 마찬가지다

그 이전에 나는 무엇이었을까
내가 거리를 어슬렁거릴 때
그대 앞에 선 내가 안절부절 설 자리 잃었을 때
나는 무엇이 되고 싶었을까
그들이 내게 와서 내가 되는
그 무엇이 되고 싶은 걸까

그러나 그것은 무서운 일이다 나는

김혜순 시를 읽어도 김혜순이 되지 않고
이영유 시를 읽어도 이영유가 되지 않고
이성복도 마찬가지이다

그 아무 것도 되지 않기 위해
눈 감고 귀 막고 입을 다문다
그래도 나는 그 무엇이 되어
옷 벗지 못하고 벼랑 끝에
입은 옷 그대로 매달려 있다
아직껏 그대들 함께 이승에서

* 김혜순, 이영유, 이성복 : 시인

꼬리가 불쌍하다

아무도 몰래 꼬리를 남기며
골목 입구에서 이별하는 남녀를 보았지
열정 끝에 밤에 이별하는 연인은
슬픈 일인가 다행한 일인가
꼬리는 서로를 넘보고 있었지
꼬리와 꼬리 사이에서
자유낙하하는 입술을 보았어
아무리 달래어도 그칠 것 같지 않아
꼬리가 길면 다시 붙을 걱정이 솟았지
그만해도 될 것 같은데 자꾸만 울고 있었어
꼬리가 불쌍해

꼬리는 골목으로 질주한다 진작
몸통은 소화불량인 걸
도망가는 꼬리가 비수를 숨겨 가진 것을 보았어
다시는 이쪽으로 건너오지 못하게
지하도 입구에 가시 울을 쳐야겠어

그러나 꼬리는 보이지 않아
누가 꼬리를 슬쩍 집어넣었는지 알 수 없지
꼬리 끝에 밀매된 필로폰을 묻혀서
길어도 잡히지 않는
몸통만 남기고 질주하는 꼬리를 보아
누가 몸통을 밟았을까

그때 나는 혼자였어

엘리베이터 안에서

엘리베이터 안에서는 이상한 느낌이 든다
그것은 혼자 있거나 모르는
어떤 잘생긴 여자와 단 둘이서
아니 못생기더라도, 그렇게 있으면
그러나 그런 류 생각만은 아니다
엘리베이터 안이 아니더라도
상승하거나 하강하는 움직임만으로 나를
가두어 두는, 아니, 아니다
그 형상만으로 가질 수 있는
이상한 느낌은 점차 확산되어 간다는 것
나는 몸을 움츠려 그것으로부터 탈출을 시도한다
엘리베이터를 타지 않고 계단으로
23층까지 올라가는 일을

이상한 느낌은 내 발을 가두어 둔다
계단 위로 발을 들어 올릴 때마다
엘리베이터가 생각난다

여자가 가까이 곁에 오기만 하여도
꽉 찬 전철을 타고 가는 데도
엘리베이터 느낌은 사라지지 않고
내 몸을 들어 올린다
몸을 바닥으로 더 깊이 B6으로
하강시키면서 느낌은 증폭된다
이상한 느낌이 엘리베이터를 만든다
재미로 그러지는 않겠지만
내가 만들어 내는 엘리베이터가
세상을 지배하고 남아 돈다

방귀를 뀌며

싸늘한 발자국들만 엎어져 있는 거리
매운 최루가스 밀어내고
파란 담배연기가 자리를 튼다
폐부 깊은 곳으로부터 누가, 간직할 수 없는
싸늘하게 물든 연기를 내어 뿜었나

"네가 그랬어! 왜 그랬어?"

손가락질 받은 사람이 기겁을 한다

"더럽게, 담배도 마음대로 못 피워"

머리 짧은 청년이 횅하니 나간다

매캐한 담배냄새 몰아내고 방귀를 뀐다
폐부 깊은 곳으로부터, 참을 수 없는
내가 육교를 오르면서 내뱉은 방귀

사람들이 안색을 찡그리며 외면한다
거절 못해 한 잔, 두 잔하던 술이
위장을 버려 놓더니, 그래 정말
의사는 그저 신경성이라고만 매도하고
나는 그걸 믿고 신경 쓰지 않고 마구
지하도를 내려가면서
길거리 비릿한 냄새 밀어내기

"더럽게! 방귀도 마음대로 못 뀌어"

그 후로 나는 그들로부터 떠나 왔다

눈썹

주먹이 내게 다가와 '죽고 싶어?' 했다
그러나 나는 죽고 싶지 않았다
먼저 처자식 입이 떠오르고
낮은 바닥에 엎어져 피 흘린 모습이
나를 비굴하게 만든다
그것이 처참하다해도 상관하지 않는다
나는 그 주먹에게 다가가
언젠가는 '죽고 싶어?' 라고 묻고 싶다
내가 간직할 수 있는 위안은
그러나 나는 죽고 싶지 않다
아름다운 눈썹을 가지고 있으므로
'죽고 싶어' 하는 이의 칼날에
그러나 늘 죽고 만다

두통

참을 수 없는 두통으로 지하보도에 누워 있을 때
견고한 발자국이 몸을 밟고 지나갔다
살아 있는 자들이 저지르는 방화는
따뜻한 유리창에 검게 타오르고
바다처럼 질펀하게 드러누운 석양이
도시와 벌판을 우울하게 한다
두통은 깨지지 않고 젖은 바닥을 흘러갔다
내가 가서 닿은 바닥은 풀밭이 아니었다
새벽까지 사라지지 않는 별들이
지하보도에 나를 그냥 눕혀 놓았다

물을 기다리며

지하철 공사로 끊어진 송수관 밖으로
외출해 버린 물을 기다리며 나는
이십대 초반에 갑자기 건조해진다
해 떨어진 유리창너머
마른 바람이 가시덤불을 흔들고 지나간다
사흘째 변비통으로 고생하면서
입술은 젖은 음식을 기다리고
어디서부터 물기가 배어날 것인지
살 끝으로 촉각을 세우며
동굴 낮은 데로 흘러가고 싶다
빛은 밖으로부터 오는 것은 아니다
하얗게 빛나던 뼈가 어둠을 찾아간다
새가 되어 날아가는 가벼움이
마지막 내게 남아 있을 뿐

나의 겨울

"움직이면 쏜다"

나는 등 뒤 누군가에게 포박 당했다
겨울은 그렇게 시작되었고
잎이 지듯 옷을 벗기운 채 나는
그 도시에서 추방되었다
나는 벌판을 걸어 동쪽으로 갔다
아직 새벽이 오지 않았으므로
반짝이는 부끄러움은
살갗에 고이지 않는다

"빨리 걸어, 안 그러면 쏜다"

보이는 벌판 끝은 어디일까

갈라진 길에서

길은 여러 갈래로 갈라져 갔다
주린 배로 식당을 찾을 때도
졸음에 지쳐 여인숙을 찾을 때도
각기 서로 길이 다른 길은
눈앞에서 갈라져서 떠난다
길은 아무런 약도도 주지 않고
어디까지 달려갔는지
매번 끝이 보이지 않는다

갈라진 어느 한 길을 따라
혼신을 다한 힘으로 걸어 가다보면
어느새 길은 다시 갈라지고
알 수 없다 내 앞에서 왜
길은 늘 갈라져 나 있는지
갈라진 길 위에 내가 늘 서 있는지
배고프고 지친 내가 서 있는지
길은 여러 갈래로 갈라져 갔다

그 갈라진 길 위에서 문득
똥이 마렵고 그래, 그럴수록
눈 뜬 사람이 그리워진다

학장대로

질펀한 도로가 공단을 가로질러
서산西山을 향해 뻗어 있다
차들은 모두 해지는 쪽으로 달려가고
물과 기름과 쇳가루가 범벅된 뻘투성이
제한속도를 넘긴 화물차 바퀴에 튀겨
야근을 위해 출근하는 여공 살양말을
속절없이 버려 놓는다
여공 살양말은 누가 벗기는가
누구도 책임져주지 않는 토요일 오후
비가 오지 않아도 망가지는 길에
미화원은 몇 번을 쓸고 지나갔지만
이내 버려지는 살양말은 꼼짝 않고 누워
얼룩진 그림자를 길게 앞세우고
돌아오는 길 축축한 땅 위에는
해가 지지 않는 산이 하나 더 있다

오월

오월은
반은 빛이고 반은 그늘이다
빛고을 광주에 가서 보아도
그늘이 반이다
아직도 밖으로 나서지 못하고
망설이는 반벙어리 세월

사람들 가슴 속에는
깊은 그늘이 오래 간다
아무도 반쪽 빛을 말하려 하지 않을 때
패랭이꽃 하나 문을 열고 기다린다
오월은
패랭이꽃에도 빛과 그늘을 만든다

남남북녀

너는 윗목에 가로지기 눕고
나는 아랫목에 가로지기 누워
통일을 나란히 생각한다
그러나 너는 밤이면
자꾸 달아나기만 한다 내게서
이불을 빼앗아 돌돌 감고
자꾸 굴러가 멀어지기만 한다
맨발이 이불 밖으로 삐져나와
발 시려운 내가 쫓아가 보지만
너는 다시 이불을 움켜쥐고 저 만치서
나와 거리를 재고 있다

우리들 말 없는 통일은
나란히 누워 한 이불 덮는 것
한 이불 속에서 숨소리 나눠 갖는 것
오, 그렇구나 그랬었구나
방 생김새 때문에

너와 나, 어쩔 수 없이
너는 북으로 가로지기 눕고
나는 남으로 가로지기 누워
밤마다 합할 일 나란히 생각는다

용서해 다오

아가야 나는 너를 죽이기 위해
네 엄마를 데리고 산부인과에 간다
용서해 다오 이 패륜의 애비를
이 땅에 홀로 살아남기 위해
가지 않으면 안되는 날 용서해 다오

지근지근 아픈 머리를 참고
냄새나는 병원 복도에서 기다리는 동안
네 에미는 수술대 위에 누워
네가 지르는 비명소리 듣겠지만
복도에서 기다리는 내 귀에도
핀셋을 피해 도망치는 네 모습
눈에 선하구나 오 그래,
죽지 않으려고, 살아남으려고
애써 도망쳐 보지만
엄마 자궁벽은 너를 가두어
끝내는 피투성이로 죽어 가는구나

아가야 너는 비록
이 땅에 태어나지 못했지만
에미, 애비 가슴에 못을 박는구나
쾅쾅 큰 쇠못을 박는구나
에미 애비가 더 편하게 살기 위해
애비 혼자 이 땅에 살아남기 위해
죽어 가는 네 모습, 용서해다오

노점상인

사람을 피하려다 길에
걸쳐놓은 지게 작대기에 발이 걸려
지게와 함께 넘어졌다
개구리 참외가 쏟아져 깨어져 구르는
소란스런 자갈치 바닥은 늘 젖어서
지게 주인은 보이지 않는다
옆에 있던 함지박 아주머니도
생선 좌판 할머니도 어디로 숨어갔는지
쏟아진 참외 끌어 모으고 있을 때
사람들은 나를 피해 갔다
단속원 아닌 나를 자꾸만 피해 갔다

유모차를 미는 아이

석양 무렵 아닌 때에도 유모차를 밀며
공원을 배회하는 할아버지가 있다
아기는 유모차에 누워 자고 있는지
눈 지그시 감고, 아가야
지금은 눈감고 누워서
할아비 발목을 움켜쥐고 있지만
몇 년 후 아니 가서 너는
더 멀리 몇 십 년 아니 가서
유모차를 밀고 있는
등 굽은 너를 만날 것이다
그때는 공원 아니더라도

가는 길이 서로 다르지만

반대로 스쳐 가는 버스 차창에
한 아가씨 졸고 있는 얼굴이 보인다
그렇게 밤이 깊은 시각도 아닌데
혹독한 잔업에 지칠대로 지친 탓일까
풀 꺾인 모습이 애처로워 보인다

어디까지 갈까
꺾여진 고개는 바로 서지 않는데
더디 가는 버스는 아예 멈춰 서 있고
한참을 보이는 슬픈 옆얼굴은
이 쪽 버스에서 더 잘 보인다

내 가는 길도 저 옆얼굴처럼
고개 꺾여져 슬픈 모습일까
반대편 차창에서 더 잘 보일까
서로 가는 길이 다르지만 우리들
슬픔은 같은 것일까 사상공단로

잠들고 싶어도 잠들지 못하는
내 메마른 슬픔, 한참 보았다

독자 전화

어떻게 하면 편안한 마음 가질 수 있나요
모르겠어요 자신이 알아서 하세요
그러면 당신은 무엇 때문에 詩를 쓰는 거예요
내 詩는 평안을 주기 위해 쓰지는 않소
독자들이 원하는지 누가 압니까
쓸데없이 굴지 말고 전화 끊어요

당신은 무엇을 위하여 詩를 씁니까
당신을 위하여 詩를 쓰니까 끊어요
나는 당신에게서 위함을 받지 못했어요
그건 각자 사정이오 의미가 없소
독자에게 그렇게 해도 되는 거예요
시끄러워요 제발 끊어 줘요

나는 일방적으로 전화를 끊었지만
독자는 전화를 끊지 않는다

'똥은 똥색일 때 가장 아름답다'

그런 시를 독자에게 주기 위하여
전화기를 들었다 그러나
독자들은 모두 외출 중

발바닥에게

발바닥으로 사는 그대 보고싶다
자신을 억누르며 쓴 바닥으로 사는
지친 그대가 보고 싶다
낮은 그대 높은 생각 속으로
아침 창문이 열리면 슬픔처럼
가늘은 빗줄기가 쏟아진다
낮은 풀잎 뿌리를 적시고
그대 젖은 발자국 남기면서 걸어간다

땅과 가까이 온 몸으로 물이 흐를 때
먼저 젖고 마는 그대 하얀 발가락
그대를 데리고 멀리 가고 싶다
그러나 오늘은 처참하게 비 내리고
수목들 뿌리가 젖는 것처럼
더욱 낮은 곳에서 떨고 있는 그대
오늘은 보고 싶다

처음 그대를 만났을 때

정조준하여 방아쇠를 당긴다
총알이 가 닿는 끝에 너는 서있다
잠시 후 너는 쓰러지고
나는 살인범으로 체포된다

내가 할 수 있는 변명은
다시 방아쇠를 당기는 일
너는 총알이 가 닿는 끝에 서 있는 일
잠시 후에도 너는 쓰러지고

다시 네 뒤통수를 향해 정조준
끝없이 일 저지르는 일 말고는
사랑은 흥미가 없다
정조준 아니라도 당기고 싶은

그 여자

그 여자가 나를 힐끔 쳐다본다
나도 그랬다 힐끔
굳은 빵을 씹으면서 창가에 앉은
그 여자 한마디도 말하지 않는다
나는 빵을 싫어했지만
그 여자가 앙증스럽게 먹는 빵이
먹고 싶었다

잠간 휴식시간에
그 여자는 밖으로 나갔다
나는 뒤따라 그녀 곁으로 갔다
그 여자는 빵을 맛있게 먹었고
내가 국물을 마시는 동안
그 여자는 자리를 뜨지 않았다
그 여자 얼굴에 주름이 졌다

그 여자가 웃으면서 빵을 씹었다

귀염 투성이 얼굴은 어디서 왔을까
빵을 좋아하게 된 내가
그 여자가 앉았던 자리에 앉아
그 여자처럼 밖을 힐끔 내다본다
그 여자가 웃으면서 지나갔다
나는 그 여자 곁에 갈 수 없다

그 여자가 나에게 다가와 말했다
쉰 목소리는 간신히 들릴락 말락
뜨거운 국물에 녹아내린 그 여자를
건드려 보았다
내가 먹고 싶어하던 빵과 함께
그 여자가 부서져 내렸다
그 여자는 밀랍으로 만든 빵이었다

왕릉에서

하늘 푸르고 깊은 셋째 일요일
햇살 많이 내리는 왕릉에 사람들이 놀러 와
파릇한 풀밭에 앉아 점심을 나눠 먹고
죽은 왕에 대하여 이야기를 나눈다

흥미 없는 두 살배기 아이는
엄마가 한 눈 파는 사이
왕릉으로 자박자박 걸어간다
막힘없이 흔들리며 가는 걸음이
위태롭기는 해도 넘어지지 않는다

왕릉은 거대한 침묵 속에서
아이를 향해 한 걸음도 다가서지 않고
둥두렸한 죽음을 보여 준다
알지 못하는 아이는 무덤을 향하여
한 걸음씩 쉼 없이 나아간다

아침나절은 이내 저물어
무덤 근처에서 빛나는 전 생애가
왕이 아니라도 붉게 물들고
물든 등 뒤에 어둠이 걸린다
왕이 된 아이는 돌아오지 않고

내가 별이 되고 싶었을 때

나는 별이 되고 싶었다 그러나 그때
아직 별이 되지 않은 할아버지가
사람이 죽으면 별이 떨어진다 하였다
내가 별이 되고 싶다 했을 그때 마침
글썽이던 별 하나가 검은 산 뒤로 졌고
할아버지는 더 이상 말씀해 주지 않았다
별은 아스라이 멀고 떨어지는 사람들은
가까이 창밖에 서 있었다
아무도 떨어지는 별을 말하지 않는다
종합병원 금 간 유리창으로 새어 드는 바람에
콜록거리며 그 빛이 흔들리거나
낯선 곳에서 가늘어진 손가락 사이
뜨개질하는 창 가 질박한 별 무더기를
할아버지는 내게 일러주지 않았다

하늘로 떠오르고 싶은 별과
땅에 내려 뿌리박고 싶은 별이

함께 잠들지 못하고 떠있는 허공에
날아다니는 새들을 보아
별을 꿈꾸는 눈을 모아 날개에 싣고
구름보다 높이 솟구칠 술 안나
별이 되지 못한 나는 아직
별이 되고 싶지만 끝내 내게
할아버지는 일러주지 않고 떠났다
그러나 나는 알고 있다 어렴풋하게
새벽녘 되어 내게 가까운 별들은
헐거운 바지를 입고 언덕을 오르거나
코끝에 탄가루를 묻힌 채
더 맑은 강물 속에서 반짝인다는 걸

침엽수림 건너가기

바닷가 마을 가까이 낮은 곳으로 길이 나 있고
햇빛이 바닥에 닿지 않는 키 큰 낙엽송
올려다보면 저희끼리 팔을 걸고 간지럼 먹이다
우스운지 파란 하늘을 조금씩 내려 보낸다
길에는 연하게 물든 침엽 낙엽들이
움푹 패인 구덩이마다 몰려 있고
사람들은 하나 둘씩 벼랑끝에서 돌아와
높이 솟은 수림 서늘한 그늘 아래
웃음을 조금씩 띠기 시작한다
이른 새벽 숲으로 가기 전에
나를 발치에 잠재웠던 도시 회색 이마와
네온 불빛 빠진 하수구에서 손을 흔든다
안녕, 이제는 절망으로부터

희망으로부터도 안녕, 안녕
돌아보면 길은 높은 언덕으로 가파르다
숲길은 낮은 곳으로 내려서면서

피곤한 다리를 편하게 해준다
환하게 달려 갈 수 있으리라
나무 등걸 뒤로 숨바꼭질해가며
헤실거리는 햇살 등 뒤로 받고
숲에는 나뭇잎에 찔린 아픈 햇살이
서늘한 그늘을 만들어 준다
오, 침엽수림 나는 거기 아래 누워 있었다
숲 그늘만큼 두터워지는 한기寒氣에
소름 몰려 와 햇살 내린 언덕 찾지만
그늘은 내 몸에 너무 두터워졌다

강물 98

반짝이며 흐르지 않아도 강물이라 부른다
다시 오지 않을 숲속 긴 언덕에서
팔매질로 던져 넣은 돌멩이는
수면 위에서 몇 번 뒤집히다가 가라앉아
어느 여울목에서 울고 있는지 알 수 없다
험한 바위틈을 지나는 물거품으로
그리움은 그렇게 부서져 가고
더욱 애잔한 울림은 내내 떠내려간다

벌판에 퍼지던 미소가 바람을 재우고
죽은 천년 왕도를 휘감아
도도한 그 자태 드러내지 않아도
강물로 흘러 왔다 다시
강물로 흘러간다 그래 언제나
내 손금에도 흐르는 강물은
햇빛아래 눈부심으로 반짝이어야 한다

안개 속에서 잃어버린 표정을
부드럽게 미소 짓는 모습으로 나타나
반짝이며 흘러야 할 별은 없어도
지나간 노래가 다시 불리워지듯
내 알몸을 어루만지며 흘러가던
강물은 햇빛아래 눈부심이어야 한다
눈부심 아니어도 아직 길이 남은
다 함께 강물이라 부른다

입동 지나서

바다에 다 이른 강물처럼
별은 망가지고 있다
영롱하게 반짝이던 눈빛은 희미해지고
날카로운 모서리도 닳아 이제는
소리하지 않은 톱니바퀴가 되었다

별판에는 돌아누운 밤이 많아
지상에서 꽃은 피지 않고 목마른
은하수가 흐르지 않는다
바위틈을 거칠게 용솟음치던 강물이
이 땅 가을처럼 잎을 떨구고

아침은 어느덧 별판을 지나서
시린 무릎으로 저물어 가느니
바다에 다 이른 저녁노을로
가부좌를 틀고 앉은 나무
먼 산 그리매에 말없이 잦아든다

잎을 떨구어 버린 하늘로
넓어져 간다 그것은
용서를 터득한 바다
삼켜도 배부르지 않는 서늘한
그대 입술

숲

뗏목을 타고 건너니 숲이더라
누가 숲으로 가는가
나뭇잎을 흔들러 바람이 가는가
줄기를 적시러 소낙비가 가는가
뗏목을 버리고 맨몸을 끌고
누가 숲으로 가는가

뗏목을 타고 건너니 숲이더라
누가 숲으로 오는가
열매를 맺으러 햇살이 오는가
뿌리를 다독이러 흙이 오는가
뗏목을 둘러메고 힘겹게
누가 숲으로 오는가

*주 : 뗏목의 비유 : 강을 건너기 위해서는 뗏목이 필요하지만 강을 건넌 후에는 뗏목이 필요 없다. 불교에서 법은 피안에 이르는 방편이지만 피안에 이르러서는 법도 필요 없게 됨을 말한다.

눈이 깊어

눈이 깊어 슬퍼 보이는 소녀를 알고 있네
읍내로 가는 길 다리 위에서
돌아 올 엄마를 하염없이 기다리는 소녀를
한 번이라도 보지 않은 마을 사람은 없네
읍내로 돈 벌러 간 엄마는
코고무신 밑창 닳아 오지 못하는지
여물 솥 아궁이 너무 넓어서
고래고래 고함질러도 밑이 안 보이는 살림
가냘픈 눈물만 뿌렸다는데
달빛 밟고 오는 엄마 발자국 소리에
깊은 눈이 더욱 깊어 보이는 소녀는 잠깨어
사방을 둘러보지만
엄마가 오지 않는다고 혼자 구르는
가랑잎 소리만 개여울에 떠내려 갔네
등에 업은 동생 배고파 칭얼대도
가물가물 어두워지는 읍내 장터 길
슬퍼 보이는 깊은 눈에 빗겨 나네

일몰 앞에서는 누구나

누구나 한 번쯤 바라보지 않았으랴
누구에게나 해는 지고 내게도 그렇듯
지는 해를 안고 언덕을 넘어간다

순식간에 맞닥뜨려진 떠남 앞에
남겨진 만남은 옅은 그림자도 없다
향을 피우고 묵념을 올려도
내게는 떠난 슬픔보다 남은 어둠이
더 견고해 질 뿐 이 낡은 도시에서는
떨어지는 해가 눈물을 남긴다

산천초목이 먼저 고요히 잠들 때
깊이를 알 수 없는 잠 속으로
한 번 숨이 끊어지면 깨어나지 않을
그것은 실로 엄숙한 침묵
아쉬움이나 통곡으로도 닿지 못할
싸늘하게 식은 욕망을

안타깝게도 말해 주지 않는다 그것을
누구나 한 번쯤은 바라보지 않았으랴

좋은 세월을 기다리며

이 진흙 세월이 가고 나면
언덕너머에서 기다리던 꽃밭 세월이
활짝 꽃을 피우고 걸어 와
내게 손 내밀어 주겠지
갈라진 발바닥에 채이던 돌부리도
피 흘리던 이마 닦고 돌아서서
환한 이빨로 붉은 사과를 깨물겠지
따뜻한 온돌에 누워 지지고 싶은 허리가
비행기 날아간 언덕 너머로
자꾸만 붉게 쏠리는 저물녘
아련한 석양에 취해 술잔을 비운다
궂은 날이면 아려오는 삭신이
마흔 고개 넘기면 씻은 듯이 낫겠지
기다리면 좋은 세상 무동 타고 오겠지

나는 별이 되지 못한다

나는 별이 되지 못한다
반짝이는 거울을 가지지 못하였으므로
어둠 속에 그냥 묻히고 만다
작은 꿈마저도 싹트지 못하는 도시벌판
하늘을 올려다보는 개망초꽃
높이 올라갈 날개도 갖지 못했다
나무 가지에 걸려 있는 달만 쳐다본다

떠날 때는 표표히 그냥 표표히
타오르는 불꽃 스러지듯 그렇게
그러나 재도 남김없이
숲길을 걸어가는 그대 뒷모습
나는 그대 바라보는 별이 되지 못한다
그대가 보아주는 별이 되지 못한다
눈물 부서진 하늘에서는

하얀 장미

한 아이가 죽어 결석했을 때
아이들은 죽음을 받아들이지 않았다
하루가 다 가도록 채워지지 않는 빈자리를 보고
다음 날은 한 아이가
하얀 장미꽃을 책상 위에 놓았다
아이들은 너도 나도 장미꽃을 갖다 놓았다

죽은 아이 장례식이 있는 날
아이들은 온통 울어서 눈이 붓고
수업은 제대로 이루어지지 못했다
아이대신 놓여 있는 장미꽃이 시들어서
쓰레기 소각장으로 쓸려 가고
빈 책상 하나가 교실에서 치워졌다

아이들은 예전처럼 깔깔대며 다시 웃었고
한 달 후 내 책상 위 꽃병에는
누가 갖다 두었는지 모를 세 송이

하얀 장미가 꽂혀
물을 거푸 거푸 마시고 있었다 돌연
물에 빠져 죽은 그 아이가 생각났다

언덕을 넘으면

그래, 저 언덕을 넘으면 별이 보이겠지
그렇지 않으면 애들아 그래,
숲을 지나면 언덕으로 가는 길이라도 만나겠지
개울을 건너면 돌부리도 낮아지겠지

그러나 애들아 쉽게 돌아서서는 안돼
멀리 보이는 큰 나무 밑에 쉴 곳은 있고
저 산모퉁이 돌면 비 피할 수 있는
작은, 그래 움막이라도 있겠지
젖은 옷으로 서로를 부등켜 안고 떠는
웅성거리며 모여 있는 사람들 틈을 지나면
언덕으로 가는 넓고 큰 길이 나 있겠지

그래, 동굴을 벗어나면 별이 보이겠지
어둠이 끝없다고 말하지 마라
저 숲을 지나면 별이 큰 등을 보이겠지
쇄골 끝을 통증으로 이끌던 치주염도

씻은 듯이 낫겠지 타는 여름 끝
언덕에 올라서서 기다려도
별은 떠오르지 않는다 그러나 애들아
언덕을 넘으면 또 언덕이 있고
낮아진 별은 보이지 않는단다
그러나 애들아,

나는 죽어도

애들아 나는 별은 되지 않을 거야
사람들이 꿈꾸며 좋아하는 별은
어둠 등살에 조금씩 여위어
별똥별로 지는 밤을 맞이하고 말 거야
하늘에서 내려다보면
잠 못 든 갈매기도 날아오르고
님 여윈 구절초도 포르르 지는
반짝거리는 슬픔 느끼기도 하겠지만
슬픔이 많은 별, 나는
가슴이 아파 별은 되지 않을 거야

그러나 밤하늘엔 맑은 별이 많아서
슬픔도 삼키고
검은 하늘에 떠 있기도 하지
꿈 많은 아이들이 올려다 볼 때마다
푸른빛을 담고 눈짓해 주며
아름다운 얘기 뿌려 주기도 하지 애들아

너희는 별을 꿈꾸어도 좋아
끝없이 빠져서 헤어나오질 못해도
별은 푸르게 아름답지 그래
그래도 나는

풀을 위하여

그건 별이 아니고 풀이란다 애들아
조그맣게 그린다고 별이 되는 것은 아냐
별은 손닿지 않는 곳에 있어서
그린다고 네 마음에 오는 것은 아냐

네 이름 위에 얹혀있는 풀이 커서
별이 될 때까지 노래해 봐
입 속 어둔 하늘은 풀 향기에 젖어
눈 뜨는 별을 볼 수 있을 거야

어느 해 문득 네 키는 커서
풀을 내려다보고 있을 때
황량한 하늘에서 혼자서도 빛을 내는
그건 별이 아니고 풀이란다 애들아

텃새를 위하여

차가운 이 땅에 사는
쇠찌르레기, 가마우지, 동박새, 후투티…
각종 텃새들이
겨울을 따뜻하게 보낼 수 있도록
눈밭에서도 붉은 열매 쉽게 찾을 수 있도록
산허리 가로질러 들찔레를 심고
마음 안 빈터에다 새 집을 만든다

날아다닌다고 다 호사스러운 건 아니다
겨울 집 없이 하늘을 선회하는
가난한 새들이 있다는 것을 알면
네 눈에도 이슬이 고이고
육교 위에 엎드려 추위에 떨고 있는
쇠찌르레기, 가마우지, 동박새, 후투티…
낯익은 이름들이 가슴에 매달릴 것이다

슬픈 꽃

태어난 지 육개월도 못 돼 죽은 아가들 눈동자가
하늘로 가서 별이 되었다지
아가들 엄마가 삼개월 넘게 흘린 눈물이
하늘로 가서 또한 별이 되었다지

끝내 참았던 아버지 쌓인 슬픔이
소주잔을 앞에 두고 하늘을 보았을 때
조그만 별이 '반짝' 하고 빛났다지

그때 처음 이 땅에 사랑이 뿌려지고
봄이면 슬픈 꽃들이 피고 지고 피고 지고
태어난 지 육개월 안에 죽은 아가들
짧은 생을 노래로 위무해 준다지

그것을 모르는 소녀들이
벚꽃을 보러 벚나무 동산에 모일 때
푸른 미풍 속에 연분홍 꽃잎이

하늘거리며 지고 있었고
아직 이른데 아직 이른데…

안타까움이 손을 펼쳤다지
아가들 웃음이 손바닥에 내리고
추위에 가늘게 떨고 있었지
숨을 멈추고, 숨을 쉴 수가 없었지
지고 있는 것이 꽃이 아니라
옹알이로 못 다 한 아가들 노래였다지

의자 하나가

허허 벌판
의자 하나가 놓여 있습니다
거기에 가서 내가 앉았습니다
의자가 소스라쳐 몸을 움츠립니다

나는 깊숙이
의자가 지닌 수렁으로 빠져 갑니다
의자는 나를 받아들이지 않습니다
부드러운 감촉으로 더욱 움츠리고
의자는 언젠가 나를 밀어내고 말 것입니다
나는 지금 배고픈 의자 밥이 되고 있지만
의자는 내 동반자가 아닙니다
나는 지금 견고한 의자가 떠받들고 있지만
의자는 나를 끝없이 하강시키고 있습니다

낮게 몸 낮추는 나에게 의자는
정강이 뼈 무게를 빼어 갑니다

내가 마땅히 일어서야 할 때
모든 의욕 끊어버리고 나를 팽개칩니다
나는 여지없이 굴러 떨어져 필사의 끈으로
의자 다리를 붙들고 일어서려 하지만
모든 일에는 때가 있는 것인지
그때 의자 다리가 부러져 버렸습니다

의자도 믿을 것이 못되던가
그런데도 허허 벌판 의자가 나를 부릅니다
의자와 나는 거리를 가지고 얼핏
서로를 쳐다보고 말뿐입니다
우리는 서로를 필요로 하지만 때로는
서로를 피하고 싶을 때가 있습니다

허허 벌판 놓여 있는 의자 하나
나는 거기에 가서 앉지 못합니다

금강

그 강 하구에 닿았을 때
강물은 황토 눈물을 싣고 밀려서
밀려서 바다로 떠나고 있었다
사람들은 도선을 타고 강을 건너고
눈물이 만든 강을 무심히 보았다
강물은 한데 섞여 몸부림이고
강을 건너도 살림은 마찬가지
어디로 떠나지 못하는 집들이
이마 서로 맞대고 기슭에 붙어살고
이제는 다한 강물이 삼키는
소리 죽은 울음을 지켜보면서
뾰족한 수 없이도 그 강을 건넌다

블랙커피

아침에 커피 한 잔을 뽑는다
나는 커피의 비밀을 안다
커피는 밤새워 에티오피아에서 달려 와
자판기 속에 숨어 있었다

동전 몇 개를 집어넣고 기다리지만
자판기에서는 에티오피아가 쏟아져 내린다
굶주린 검은 소녀 큰 눈과
갈비뼈를 드러낸 노인 가늘고 긴 손가락이
종이컵에 채워지는 동안 텁텁한 내 입맛은
시방, 기근 속 아프리카다

다시 한 잔 커피를 뽑아 들고
미스 리 미모를 칭찬하며 다가서서
가보지 않은 나라 에티오피아 눈물을
진한 독약으로 풀어 넣는다

지붕 위의 참새

삼십 년 전 나주평야에서 참새 한 마리를 보았다
참새는 멀리까지 날아갔다
꽁무니가 아득하도록 멀리 멀리
오늘은 산복도로 슬레이트 지붕 위에서
지붕과 지붕 사이를 건너뛰며
참새만한 소리로 짹짹거리는 참새를 보았다
멀리까지 날아 온 참새는
도랑가에다 집을 짓고 부지런히 들락거리며
몇 마리 새끼를 쳤다

환장할 일에 미쳐 숨도 제대로 못 가누고
조그만 집들 사이로 꼬부라져 사라지는 골목길
지나는 아이들이 떨군 빵부스러기에 길들여져
날개 한번 힘껏 펼쳐보지도 못하고
낮은 두발로 종종거리는 것이 고작이었다
물가에 지은 집은 항시
조그만 비에도 보따리 꾸리게 하지만

어디 멀리 해주평야나 만주벌판
벼 익는 들판 그리워한 적 있었던가

비누 세우기

편편하게 눕고 싶은 비누를 세우기 위해
물 묻은 손이어도
조심스럽게 비누를 쥐고
비누곽을 향해 팔을 뻗는다
비누를 세워두지 않는다면 그것은
어느 틈엔가 물이 되어
비누곽을 몰래 빠져나가고 만다
세워도 자꾸만 쓰러지는 비누를
세우기 위해 자주 허릴 굽힌다

거품을 물고 달아나기만 하던
비누를 사랑하기 위해서는
힘만으로는 안 된다는 것을 안다
적당하게 밀고 당기는 거리가
우리 사이에 필요하듯 달아나는
비누를 옆으로 세워 두기 위해
마른손을 비비며 다가선다

그러나 너는 편안한 자세로 드러누워
내 손끝을 간지럽히며 희롱한다

X세대 사랑

밤늦은 시간
지하철을 타고 가는 한 쌍 젊은 남녀가
문짝에 기대어 선 내 곁에서
수작을 벌인다 부끄러움 한 쪽 없이

여/ 이대로 그냥 가버릴까
남/ 우리 집에 가면 방이 크다
여/ 쑥스러워서 어떻게 가니
남/ 너는 내방에서 자고
나는 엄마 방에서 자던가 아니면
동생하고 같이 자던가 하면 돼
여/ 난 안 할거야
남/ 그럼 헤어져서 집에 가지
여/ 우리 기차 타고 어디 갈까
남/ 어디?
여/ 내일 아침에 일찍 올 수 있는 곳으로
남/ 그런 데가 어딘데

여/ 밀양이나 대구 같은데
남/ 집에서 걱정 안 하겠니
여/ 한 번만 야단 맞으면 끝나는 걸 뭐
남/ 그걸 말이라고 해
여/ 서울 애들은 그렇게 많이 한다는데
남/ 네가 서울 애니

–지하철은 부산역을 지나치고 있었다

여/ 우리 어떡할 거야
남/ 가는 데까지 가 보는 거지
여/ 거기가 어딘데 응?
남/ 나도 모르겠어

그들은 어디로 가서 어디까지 갔을까

책은 어두워지지 않는다

유리창으로 들어온 햇살이
책꽂이 책들을 바래게 한다
햇살 아래 바래지지 않는 책은 없다
열려진 책이거나 전혀
열려지지 않는 책이거나 햇살은
상관하지 않고 그것들을 조금씩 먹고간다

유리창으로 들어온 어둠이
책꽂이 책들을 덮을 때에도 책은
어두워지거나 갑갑해하지 않는다
책을 열던 주름투성이 손이 세상을 뜬 뒤에도
말없는 침묵으로 자리를 지키던 책들
책은 아파하거나 슬퍼하지 않는다

책꽂이에 가만히 꽂혀 있어도
손때 묻어 너덜너덜 해져도 결코
기다림의 모습을 끝내지 않는다

책꽂이 책들은 어쩌면
유리창으로 들어 온 햇살을 바래게 하는지도
모른다 어쩌면 아, 어쩌면

밥

사막을 걸어서 횡단하는 밥을 보았다
가는 허리로 모래바람을 견디며
숨은 수렁으로 깊이 빠지는 발을
힘겹게 조심스럽게 그러나 절실하게 뛰는
견고한 슬픔들

뒤에서 누가 불러도 돌아보거나
멈칫거리지 않는 모습이 하얗게 바래어져
점점 사막이 되어 가는 밥, 가끔은
옆자리 가시 돋은 선인장을 훔쳐보면서
압력밥솥에서 새어나오는 비명을 생각하는지
모래언덕 신기루에도 눈길을 주지 않는다

야윈 손가락이 집어든 젓가락 사이로
밥은 슬슬 빠져나가거나
낙타 건조한 입술 사이로 몇 낱
실오라기 빛살로 흩어져 사라진다

햇빛 내리쬐는 식솔 모인 식탁 위에서
켕기지 않은 식욕을 탐하면서 걸어간다

굶주림에 손발 떨리던 강물은 멀리
사막 속에 웅크리고 앉아서 모래알
새로운 가지를 늘어뜨리고 잠에 든다

높은 구름

가슴에 바람을 불어넣고
나는 하늘로 떠오른다
떠오르고 싶은 나날들이 아래다
잔잔한 새털구름이 몸에 닿아
이름이 투명하게 깔린 하늘에는
작은 돌부리 하나 보이지 않는다

평화로운 구름평선이 무너져 내릴 때까지
삐에로는 공중제비를 넘으며 넘으면서도
턱뼈 부러진 눈물을 지우지 못했는지
제 그림자를 찾을 수 없었는지
배부른 몸으로 연신 울고 있다

내 가면은 그렇게 시작되었고
다가서는 적들이 무거워질수록
내 몸은 가벼워져 날아갔다
분장을 지우고도 나는

높은 구름이 되어 바다로
밀려나고 있는 눈물이 보였다

담배 피우는 남자

길모퉁이
밖이 내다보이는 유리창 안에 앉아
담배를 피우는 남자가
백 년 동안 불을 빨고 있다
재로 떨어진 천년이 바람에 흩어지고
남자는 유리창이 있기 훨씬 전부터 있었다
불과 함께 길모퉁이가 생기기 전부터 거기
아침 잠이 덜 깬 눈빛으로 손을 더듬어
빨간 순수를 잠재우지 못했다

네 빛이 동공에 스며 창문을 열고
네 색이 입술에 번져 유혹을 낳을 때까지
연기는 사랑하는 먼지까지 감싸고
길모퉁이 밖이 내다보이는 유리창 안에
재가 된 남자를 앉힌다
유리창 밖으로 뻗어 가는 길이 보였다

강변 아파트

그대는 보았는가 밤낮
흐르고 싶은 꿈들이 모여
강변에 말목으로 불끈 서 있는 집을
겹겹 사랑이 다져져 튼실한 대못으로
하구에 박혀있는 아우성 투성이들

말없이 홀로 흐르는 산등성이 능파
유려한 선율을 따르지 못하고
견고한 성채 속으로 한 발 한 발
가슴이 여린 사람들을 불러 모아
뿌리없는 하늘로 솟구쳐 오른다

그대 순종하는 땅에 거역하는 불빛을 세우고
산이 부서지고 바다가 흔들려서
더 좁아진 빈 터, 흐르고 싶은 꿈이
다시 우뚝우뚝 떠오르는 물을 그대
눈여겨 보았는가 보는가?

반체제

바람을 거스르는 망초꽃이 사르륵
맑은 몸짓을 풀어내는 소리를 보면
왠지 모르게 즐거운 나는
버들치가 맑은 물살을 거슬러
힘차게 꼬리 젓는 모습에도
쉬이 감동하는 쐐기풀이다 때로는
바닷가를 밀려오는 파도를 향하여 아니면
숲 속에 부는 바람, 벌판 위 태양
언덕으로 몰아쳐 오는 폭풍우
나는 그들을 향해 정면으로 맞선
맹목적인 황토벼랑이다

뜻도 모르고 막무가내로
길을 따라 걸어갔다 누군가가
앞서 가기에 쉽게 따라 붙었을 뿐
그것이 나를 편안하게 한다
화염병이나 깨뜨린 보도블록을 던진 일은 없어도

나는 가로수로 남고 싶어
통행 끊어진 중앙로를 걸어 가봤다
길은 예상 밖으로 멀고 나는 늘 새로 시작했다
푸른 달빛을 향하여 우뚝 선
한 마리 푸른 야성, 늑대는
별판을 향하여 울부짖고 그 끝없는
허기를 채울 길 없어 거리를 질주한다

차도와 인도를 내왕하는 동안
늘어선 수많은 박수소리를 들었다
그들이 쏟아내는 박수가
무엇을 의미하는지 안다 그러나
멀리서 최루탄 터지는 소리에도 혼비백산
힘없이 흩어져 가는 그림자 속에서 나는
화염병이 아니면 견디기 힘든
하얀 핏줄로 태어난 꽃은 아니다
도식적이고 의도적인 코미디를 향하여

웃겨도 웃지 않는 돌멩이일 뿐
코피 흘려 가며 앞장서서 외치는
붉은 머리띠가 아니다

석양 무렵 땅거미를 딛고 따라가는
소박한 인정주의에 빠져있는 나는
그러나 질주한다 벽을 향해
강요하는 어둠 속으로 하릴없이 쫓겨서
굵어진 잔뼈 아름다운 눈썹
백발이 산천을 다 덮고
잃어버릴 것 하나 없는 가로수 곁에
뼈를 묻을 지라도 그러나
스타킹을 눌러 쓴 강도처럼
깃발을 강탈하지는 않는다 정말
어떨 땐 작고 아름다운 패랭이꽃 앞에서도
그것이 나를 편안하게 한다

초상화

얼굴에 몇 개 선을 그어 보았다
그랬더니 그녀는 할머니가 되었다
할머니 얼굴에서 재빨리 빨리
분내를 풍기면서 빠져나가는 시간을
눈 여겨 끌어당겨 보았다
한번 긁혀진 시간은 채워지지 않고
끝없이 이어져 그 끝에서
잡아당기던 힘이 툭 끊어진다
기력을 다한 나비떼가 쏟아져
떨어진 자리에서 꽃이 지고
몇 개 금이 새로 갔다
그녀는 팽팽한 곳으로 다시
돌아 갈 수 없게 되었다

움직이는 감옥

두 시와 세 시 사이에 길이 있다
바다로 난 좁은 그 길에는
반짝이는 이마를 가진 말 한 마리
초원을 그리며 땅을 찬다
유리창 옆 기둥에 걸려 있는 시계 낯바닥
두 시에서 세 시 사이에는
깜찍한 구절초가 흔들리는 시각
나는 그 길을 따라 간다
작은 바늘이 두 시에서 세 시로 건너가기 전에
말을 타고 도시를 벗어나기 위해

모든 길이 시계에서 시작되는 것을 아는지
사람들은 시계를 본 뒤 길을 떠난다
그러나 아직도 약속은
강건한 콘크리트 기둥에 걸려 있는 시계 등짝
다섯 시와 여섯 시 사이
길모퉁이 포장마차에 전등이 켜지고

지워진 길들이 모여 술을 마신다
길, 바다, 마로니에, 구절초… 그리운 말들이
결코 시계 밖을 나서지 못한다
그것은 움직이는 감옥일 뿐

내가 은행나무가 될 때까지

은행나무에 오른다
내가 은행나무가 될 때까지
아침 이슬을 마시며 오르고
한낮에 땀을 훔치며 오르고
깊은 밤 별을 보며 오른다
가지가 휘어져 떨어질 때까지
나무 오르기를 멈추지 않는다

기억은 먼 구석기시대 때부터
내가 좋아서 오르던 나무
은행나무가 나를 사로잡는다 그러나
올라도 끝이 보이지 않는 나무는
나무 가지에 걸려 오래 있어도
나를 받아주지 않고 밀어내기만 한다
떨어진 뒤에도 다시 오르는 나를,
결국 나는 은행나무란 이름을 달고
팔을 벌린 채 벌판 가운데에 서 있다

그 때
아무도 은행나무라 불러 주지 않았고
새가 똥을 갈기고 지나가도
나무를 포기하고 싶지는 않았다
그러던 어느 날 누가 나를 오른다
내가 은행나무를 오른 것처럼
그는 끝없이 나무를 오른다
내가 힘주어 밀어내어도
팔을 휘둘러 떨어뜨려도
그는 오르기를 멈추지 않는다

그가 누구였을까
그는 스스로 은행나무라 이름 짓고
어느 도시 길가에 서서
누군가가 오르기를 서성거린다
내게 은행나무를 남긴 은행나무처럼
누군가에게 은행나무를 넘겨주기 위해,

옥상에서

옥상이 나를 부른다
멀리 가까이 수많은 옥상들이 널려 있다
옥상에 서면 가벼이 뛰어내리고 싶다
뛰어 내리면 날개가 돋겠지 저기
날카로운 모서리가 섬뜩하게 꽂혀
솟아 있는 사각 날(刃)들
틀에 납작하게 눌려진 이웃들
몸은 꿈꾸지만 입방체는 되지 못한다

새벽이면 더욱 무거워지는 대기 속에서
마냥 침묵할 뿐
좁은 골목길을 빠져나가기 위해
몸은 비대한 땀으로 힘에 겹고
사각 틀로 짜 맞춘 종이바닥
빈틈이라고는 찾아 볼 수 없다
나쁜 성적을 핑계로 옥상에서 뛰어내린
소녀들은 시신이 갈 곳이 없다

그래서 옥상은 늘 배가 고프다
벗어날 수 있는 길은 오직 하늘로 오르는 길 뿐
새털처럼 가볍게, 가볍게 생각을 줄이는 일
사람들은 너무 많은 생각들로 무서워져
하늘을 포기하고 사는 것 같다
주머니도 비워서 가볍게 하고
거추장스런 신발도 벗어서 가지런히
하늘을 향해 걸어 둔다

다급한 사이렌이 끝나지 않고
옥상으로 오르는 엘리베이터 기계음이
규칙적으로 살기를 강요한다 재미있다
하늘과 가까이 하는 일을 사람들은 모른다
비밀스런 방이 옥상에 있음을,
사랑을 아는 사람이 있다면
초가지붕에 고추를 널면서 그것을
옥상이라 부르지는 않았다

복도를 걸어서

복도를 걸어서 북쪽으로 간다
북풍은 맞바람으로 얼굴을 때리고
발밑에는 불순한 판자가 논다
앞에서 다가와 뒤로 빠져나가는
낡은 교사校舍 복도는
적당한 채광으로 어둡지 않고
먼저 지나간 사람들 온기가 남은
벽에 걸린 액자가 전해주는 사연에
오랜 표정을 닮아 본다

걸어도 끝나지 않을 복도를 걸어서
나는 지금 북쪽으로 가고 있지만
바람을 등지고 나를 만나러 오는
두만강은 여기서 얼마나 먼 강인지
뒤에 남는 발자국소리 울림도 없고
헐거운 기둥에 주름이 간다 누가
이토록 긴 복도를 서성이게 하는가

기웃거려도 돌아 갈 곳이 없어
복도를 걸어서 남쪽으로 간다

피사체

사진관에 가서 피사체가 된다 아니
누구나 그렇다 꼼짝하지 않고
사진사 뜻대로 부동자세를 취한다
머리카락 한 올 움직이면 안된다
'자 여기를 보세요' 주문이 떨어지기 전에는
나를 버리기로 했다 그때
세우지 못한 얼굴도 바로 세워 주고
짓지 못하는 어려운 미소도 만들어
굳은 입술가에 붙여 준다

잠시 동안 지은 부드러운 미소가
잠간 동안 바로 세운 고개가
사진 밖에서 당당한 모습으로 오래
낯선 사람들을 현혹시키겠지만
나는 시키는 대로 표정을 만들면서
얼마나 멋대로 살아 왔는가를 느낀다
넥타이를 매고 거짓 미소 지을 때

조명을 타고 내게 오는 불빛은
우레처럼 나를 오금 저리게 한다

사진사에게 무슨 죄를 지었던가
나는 꼼짝할 수 없는 피사체
건드리기만 해도 무너져 내릴 굳은 자세
내게 닥칠 심판을 기다린다
그러나 사진사는 아주 부드러운 말로

"자 여기를 보세요 하나 둘 셋"

순식간에 나는 본디 모습으로 돌아간다
만들어 준 웃음도 만들어 준 표정도
나를 잡아 두지 못한다

구두

내가 광복동에 서 있을 때
구두도 광복동에 서 있었다
내가 화장실에 있을 때 구두도 그랬다
구두가 그 쪽으로 걸어간 것이 아니라
내가 구두를 신고 그곳에 갔다
구두는 가죽으로 만들었지만
내가 구두라는 시를 지을 적에 구두는
구두가 되어 나를 바라본다
그래서 구두는 광복동에 서 있다

오른쪽 구두는 뒤축 오른편이
왼쪽 구두는 뒤축 왼편이
먼저 닳았다 내 몸이 좌우로 흔들리면서
그렇게 밖에 닳을 수 없었다
그래서 오늘 구두대학병원에 가서
뒤축을 갈려 했다 그런데
의사는 양 뒤축을 바꿔 달았다

좌우로 흔들리던 몸이
자꾸만 안쪽으로 쏠리게 되었다

구두는 그것을 전혀 개의치 않는다
내 몸이 바깥으로 쏠리던 안쪽으로 쏠리던
자기를 신고 가 주기만을 바랄 뿐
전혀 딴 생각을 품지 않는다
집에 돌아가 아무렇게나 벗어 팽개쳐도
아침까지 그대로 있어 준다
때로는 그것이 안타깝기도 하지만
구두로서도 어쩔 수 없다는 걸 안다
그래서 나는 구두와 친하지 않다

그러나 구두는 나와 친하다
내 몸이 누르는 무게로
눈물겨운 일생을 보냈다 구두는
자주 터지고 싶은 옆구리를 가졌고

아니면 복창이 터져 속내가 보이거나
뒤통수가 헤져 버려질 때를 기다렸다
구두에게는 그것이 해방이었다
나는 구두를 신고 광복동엘 갔다
구두도 어쩔 수없이 광복동엘 간다

공원 사진사

기다리는 거다 무작정
삼십 년을 지킨 평화공원 한 구석에서
비둘기 모이를 주며
신혼부부나 관광객을 끌어 모으고
현상될 한 장 사랑을 위해
온갖 교태를 쏟아 붓는다

찍히는 것은 바람 뿐이지만
공원 이저곳을 어슬렁거리는 사람과
사람 사이에 맺혀있는 어두운 바다가
가끔은 배경으로 찍히기도 하지만
사진 박히면서 웃는 피사체
언제나 가슴을 따뜻하게 만든다

고독

나는 빛을 먹고 어둠을 토한다
낮은 데로 임하는 詩를 바라보며
하염없이 바라만 보며
하수구 냄새로 몰려가는 이 시대 젖은
단말마를 다시 한 번 바라보며
측은한 마음을 갖는 내가 측은해 진다
어쩌면 나는 버려진 눈물인지도 모른다
창을 열고 바다 끝을 바라보아도
바다 위를 날아 다녀봐도
갈매기 한 마리 만날 수 없는
눈먼 먼 항로

詩에서 외출해버린 독자를 찾아서
생식기를 마구 흔들며
거리를 활보하는 시인들이 있다
여성 시인은 여성 시인대로
남성 시인은 남성 시인대로

깃발처럼 성감대를 높이 빼 올려
신도들을 끌어 모은다

축축함에 빠져있는 詩를 바라보며
말초에 젖은 눈 먼 사랑 얘기에
실없이 따라가는 수양버들 허리도 있다마는
왜 낮아져야 하고 젖어야만 詩가 되는지
이해할 수 없는 나날 눈먼 먼 길
나는 자꾸만 도피해 가고 싶다
견고한 돌부처 속으로
햇살 들지 않는 심해 속으로
그러나 아직 내 사랑은 살아 있고
나의 종교는 무너지지 않았다

그래, 빛을 토하고 어둠을 먹자

코가 낮아서

코가 낮아서 안경이 걸쳐지지 않는 그녀
손으로 안경을 밀어 올린다
그럴 때마다 겨울풍경처럼
가고 싶은 시집도 쉽게
자리 잡지 못하고 흔들린다

그녀 안경은
낮은 코를 탓하지 않고
흘러내리고 싶을 때 흘러 내린다
겨울풍경을 가진 세상도
그녀 낮은 코 때문에 때때로
쉽게 흔들린다

끈을 따라서

마악 터널을 빠져 나왔을 때
푸른 물결이 끝없이 손을 흔들었다
나는 삼십 년 만에 다시 돌아 왔다

갈매기 앉아 울던 갯바위도
햇살 체온을 간직하던 모래밭도
그때 모습 그대로
이마에 하얀 새똥을 바르고 있거나
숱한 발자국을 안고 누워 있었다
물결을 희롱하고 다가선 바람까지도
옛 냄새를 가슴에 불어넣었다

망설일 틈도 없이 언덕을 가던 산길에는
새로 난 길이 더 많은 바다를
숲으로 운반해 갔다 나는
칠십 년이 지나서도 바닷가에 갔다

기침소리

찬불가 소리가 사하촌寺下村
동구洞口나무에 매인 황소 눈에도 어린다
사월 초파일 사람들 틈을 비집고 나는
걸어 놓은 등촉을 찾아 다녔다
온갖 색색으로 치장한 연등들이
어둠 속에 하얗게 비어져 갈 무렵
아이들이 든 좁은 유리병 속에서
방생을 기다리는 남생이 발놀림이
자꾸만 미끄러져 헛발질에 그친다
금박으로 옷을 해 입은 부처님이
앉은 채로 기침을 한다
절간은 고요한 기침소리에 흔들렸다
연등에 불을 켰을 때
맨살 황금어깨가 눈에 들어서 춥다

이교도끼리

그가 非기독교도인 줄 알았을 때
나도 모르게 '그러면 그렇지' 했다
내가 非불교도인 줄 알았을 때 그도
'그러면 그렇지' 할까
같은 고향이면서 이해하지 못했고 서로
다른 견해로 자주 부딪히던 일
알지 못하던 원인을
그러면 그렇지 나는 왜
종교에다 갔다 붙였을까
우리 관계는 더욱 아름다워질 수 있고
더 깊이 사랑할 수 있었을 텐데
그것이 안타까운 나는 잠 못 이루고
다른 이유 찾기에 골몰한다
그도 나만큼 골몰할까
'그러면 그렇지' 지울 수 있을까

달맞이꽃을 향하여

강둑 달맞이꽃은 나와 무슨 관계인가
시멘트 가득한 바닷가 도시, 지하철 안에 나는 있다
달맞이꽃은 달밤 아니라도 노랗게 꽃을 단다
그것들이 왜 지하철 안에 숨어 있는 내게
나타난 것일까 그것도 산소마스크를 쓰고서
내게 메시지를 선명하게 보내고 싶어서일까
강둑에서 자란 달맞이꽃은 지하철을 모른다
나는 달맞이꽃에게 무엇인가
톱과 날카로운 손톱으로 상처 내는 일 말고는
썩지 않는 폐비닐을 뿌리 곁에 숨기는 일
하지 않았지만 내가 그런 짓을 한 것처럼
생각이 떠오를 때마다 달맞이꽃이 슬프다
내 지하철이 달맞이꽃을 향해 질주한다

지하철을 나서서 후덥지근한 지상에 오를 때
그것들을 까맣게 두고 내렸다
지하도에 엎드린 걸인에게 돈을 낼 것인가

망설였다 아무래도 멀쩡한 사람 같아서
빠른 걸음으로, 눈에 띌까 염려가 되었다
걸인에게 강둑 달맞이꽃은 무엇인가
생각이 거기 이르지
강 둑 달맞이꽃에게 돈을 바치고
더 많이 갖다 바치고
나는 걸인보다 더 높은 사랑으로
달맞이꽃을 가져왔다 강둑으로부터
그러나 아무도 눈치 채지 못하는 사이
산소마스크를 쓴 걸인이 성큼성큼
강둑으로 걸어가 달맞이꽃을 꺾었다
지하철이 달맞이꽃을 달고 질주한다

부산을 위하여

해운대 일출에 열광하는 입술이
다대포 일몰에 열광하는 눈빛보다
무엇이 나은지 설명할 수 없다
자갈치 난전을 벗어나지 못하는 발은
산복도로 지나가는 야경에 넋이 나가
말 더듬는 현상과 무엇이 다른가
알 수 없다 헤아릴 수 없는 많은 착오와
갯벌에서 건져 올리는 낙지가
팔목 감고 놓아 달라 꿈틀거리는 세발로
살아 있는 나를 사로잡는 입술, 그리고 감촉들
그들에게 빠져 제대로 바라보지 못하고
맹목적인 투신에 집을 떠나지 못하게 하는
눈동자 속에서 만나는 흔한 끈적거림들
부산에 깊이 젖어드는 이유다

물결에 열광하고 싶다 출렁거리는 생에
넘어진 작은 이웃이 눈물 대신

삼키는 선혈 때문에 씨익 웃고 가는
깨진 무릎에서 사람 사는 냄새가 나고
버리지 못하고 덤벼들고 싶은 불행에도
열광하고 또 열광한다
죽음에 이르는 손쉬운 과정에서
열혈 투신으로 생을 다하는 지친 몸들
진통은 늘 몸속에 자유를 퍼뜨린다
그들만큼 뜨거워지고 싶어 열광한다
그들보다 더 사랑하고 싶어 열광한다
지쳐 열광을 놓는 순간이 어둠이므로
바닥 위에 선 몸을 지금 열광한다
부산을 떠나지 못하는 이유다

서울

크고 높은 엉덩이로 누르면
가라앉지는 않을까
숱하게 널린 사람들이 구둣발로 짓밟으면
울화통이 터져 상처가 덧나지 않을까
혈색 잃은 한강에 노을이 빠진다

구멍을 파고 지하에 들어앉아
심장 뛰는 소리를 가만히 들으면서
그것은 고장난 지하철이 정거하는 소리로
돌려버리고, 새 빌딩을 짓기 위해
밤낮 힘쓰며 지하에 박아넣는 강철빔이
심장에 고인 피고름을 터뜨리지나 않을까
검은 아스팔트에 구멍이 간다

저렇게 많은 차들이 길을 막고 서있으면
하반신 마비가 오지 않을까
앞이 보이지 않는 연기가 지붕을 덮으면

코를 어디에다 내밀고 살아남을까?
걱정도 팔자인 사람이 서울에는 없는 것인지
서울역에 내리면 오줌이 마렵다

하늘구멍

1

바로 서서 걷는 길이 굽어 갈 때
지붕이 흔들리는 도시
세종로, 을지로, 중앙로 할 것 없이
속눈썹 적셔대는 매운 안개 속에서
도처에 웅크리고 앉은 구멍
나를 보기도 하고
우리를 듣기도 한다
은밀한 귀엣말이지만 때로는
내가 보기도 하고
우리가 듣기도 한다
햇빛 속에서나 어둠 속에서나 버릇처럼
비릿한 손을 뒤로 감추고
거대한 몸뚱어리로 짓눌러대며
일행이 숨어 뜬눈으로 밤을 지샐 때
버려진 목조건물을 흔드는 회오리

이층 아니면 까마득한 지하층을
귀붙은 눈이 엿보기도 한다
크고 위태로운 절정 끝
골목에서나 전망대 위에서나
힘주어 불끈 서있는 구멍
움푹 패인 검은 눈 아래에서
나는 자주 흔들렸다
우리는 자주 돌아 누웠다

2

공복이 잠을 깨우는 아침
거칠었던 바람이 나무그늘에 쉬고
나는 좌표와 상관없이
삐걱이는 목조 계단을 따라
구멍이 들여다보는 안개 속을 간다
작고 단단하게 목을 죄는 물결 속을
적나나한 이름들 감추지 못하고
벼랑 끝에서 쥐의 두더지의
개미의 나무 좀벌레의 온갖 기생하는
큰 구멍이 모여 흔들리며 가는 지하층
아니면 이층으로 나를 끌고 간다

숨어도 드러나는 연약한 불빛
꺼질듯한 맥박을 손목에 간직하고
눈빛 없이 기면서 채우지 못한
아침 공복을 데리고 간다
살아야 한다 살아 내야 한다
죽은 살빛과 엄청나게 졸아든
속 깊은 적의를 눈치 채지 못하고
크고 튼튼한 줄과 아늑한 칼
아래에 나는 삐걱이는 목조
출렁이는 피와 함께
마른 살로 구멍 속을 간다

3

귀가 듣는 구멍 속 낮은 음계
계단을 오른다 누가 있어
사랑을 나누어 줄 것인지
자주 금이 가면서 소리 지르면서
손을 들어 가로막아도
들려오는 살의가 굳어지는 찰나
전신이 흔들리는 목조건물을
내 길과 함께 흔들면서

도시는 바람 속에 몸을 세운다
낮과 밤이 물 아래에 일어서고
사람들은 구멍 속으로 불려 갔다
차 없는 거리에 눈먼 자들만 남아
지하철을 건설한다 지하 속으로
아무도 없는 구멍 밖에서
눈이 귀가 입이 다들 치를 떤다
점점 커져 가는 구멍 밖으로
멀리서 발 구르는 소리
목조건물은 뿌리까지 흔들린다
내가 가는 구멍 속을 치장해야지
아니다 아니다 아니다
끝내 돌아 설 수 없는 나는
격랑 끝에서 고개를 세 번 흔든다

4

낯선 이들이 서서 가는 구멍 밖으로
한 때 어둠을 끌고 가는 바다
붉은 물빛을 본다
낯선 우릴 외면한 채
눈과 귀와 입을 가로막는 경고

내가 힘들여 기어가는 소리를
구멍 밖으로 자꾸 밀어내면서
칼날을 간다 무디어진 손톱과
이빨을 대신할 길모퉁이에서
웅크린 몸 번쩍이는 칼날
눈빛을 위하여 살아 있는 도시는
바닥부터 검게 채색되고
두터운 적막이 지붕을 덮을 때
살아 있는 풀잎은 어디에도 없다
물 아래서 부르는 소리 끊임없어
어둠 속에서 손을 잡았다 일행은
알 수 없는 구멍 끝을 향해
소리 죽인채 걸어 벼랑 끝에 닿아
목을 빼 내다 보았다
일행을 겨냥하는 날카로운 구멍
피가 흘러 내린다 눈이 아프다

5

저녁이 되었는지 아침이 되었는지
빛이 돌아오지 않는 구멍 속에서
내 눈은 물에 젖었다

길게 뻗어 내린 안개가 이룬 강
길 굽이마다 물난리를 만든다
아직 깨어 있는 사람들이 모여
마을 경계 밖에까지 나와
구멍을 들여다보기도 하고
구멍으로 고함을 보내기도 한다
그러나 뒤돌아보지 못할 때
어떤 짐승도 관심 없이 지나간다
가차없이 흘러 강물이 지워버린
도시 속, 구멍 속, 일행 속 날벌레들
비굴한 눈을 돌아 서서 알리라
지하층 아니면 까마득한 이층에서
목놓아 밝히는 위험표시 신호등
목조건물이 언제나 흔들리는 뜻을
따라서 내 숨은 비명 소리가
들려 온다 가까이 가까이로
누군가가 소리 지른다

"큰소리에는 건물이 무너져요
소리는 죽이세요 되도록 되도록이면"

6

그 때 몇 마리 쥐들이
큰 발소리로 천정을 지나간다
손 닿지 않는 천정이 흔들릴 때
달콤한 동행 속에서 씨를 뿌리는
일행은 치를 떨며 욕했다
큰 소리로 아주 작은 큰 소리로
누가 쥐들을 키우고 있다고
날카로운 배반을 세우고 있다고
구멍 어둠 저편에서 들려오는
음흉한 웃음과 함께 밤마다
기둥을 갉아 먹는 이빨 소리를
기억하고 있는 일행은
죽은 경고등에 귀를 댄다
청진기로 들려오는 심장박동
맥박이 높다 한정없이
열이 높다 천정을 향해 달콤한
깃발과 아우성에 배가 고프다
쥐는 쥐같은 눈빛으로 숨 죽이고
그늘에서 쥐죽은 듯 몸을 사린다
일행은 침묵을 불러 들이고
오래 서로 눈을 맞춘다

7

참을성 없는 누가 일어 섰다
쥐들이 숨어간 구멍 속 흔적따라
천정에 부딪히는 머리
일행은 구멍 속 어둠 속에서
깨어진 머리에서 피가 흐른다
달려가다 넘어지고 뛰어 간다
거리 위에서 장딴지가 출렁거리고
구멍 밖으로 피를 흘려 보낸다
일행이 숨을 곳을 찾아
어지러이 돌다 돌아 갈 때
이층 아니면 지하층에도 불이 켜져
일행은 처음으로 서로를 보았다
드러난 흉측한 몰골
일행 중 누군가가 불을 끈다
구멍 속 가장 못난 사내 눈에
흐르는 피가 멎은 뒤 캄캄해져
각자는 슬그머니 손을 놓았다
무서운 아이들끼리 살 부빌 때
마구 흔들리는 목조 바닥에서
누군가가 비명을 지른다

참을성 없는 누가 또 쓰러진다

8

"불이 났소 깊이 잠들었을 때
방화범이 최초로 물을 운반하였소"

누군가가 외친다 일행 중
누군가는 방화범이다
아무도 손들지 못하고 있을 때
소리가 구멍 밖에서 쓰러진다
심하게 흔들리던 도시 그늘
일행은 모두 방화범이 되었다
흉측하게 일그러진 구멍 가까이
일어서는 물줄기는 없다
모든 소화전이 문을 닫고 굳게
혓바닥을 휘둘러 불이 번질 때
일행은 소방대원이 되었다
뜨겁게 달아오르는 그 도시
삐걱이는 소리로 운반되는 목조
건물 속 어둠 함께 묻혀서
방금 중환자실 문이 열린다

누가 문을 닫을 것인가
한참을 기다리던 문 밖에는
먼 곳에서 풀꽃들이 하얗게 날리는
겨울 그늘 속으로
띠집을 엮어대는 피들, 피들

9

쇠사슬을 끌며 계단을 오른다
누군가가 내려간다 지하실 불 꺼진 층계
일행이 만나는 어둠은 유령
도시를 떠돌다 하염없이 쫓겨나는
이름 죽은 빈집들이 만든 그림자들 뿐
끝없이 긴 행렬에 일행은 구멍을 가서
모래를 만난다 밟히지 않는
땅과 함께 사막은 바람이었다
구멍을 들여다보아도 알 수 없고
도처에 널려있는 물냄새
누군가 냄새를 키우고 있다
모래와 만나는 물이 몰래 스미고
일행은 발목 잘려진 구멍을 만난다
몇 만근 소리로 계단을 수리하는

망치와 톱질 요란한 목조건물
커다란 구멍을 뚫고 들여다 본다
안과 밖에 널려 있는 주검들
한쪽 기운 어깨들이 쓰러져
두번 다시 일어나지 않는다
검은 물 끝에서 유령은
햇살 물무늬로 일그러진다

10

친근한 어둠 속에서 만나 살을 섞고
일행은 구멍을 내다 본다

"무엇이 보입니까?"
"모르겠어요 아무 것도 직접 보세요"

잠시 침묵으로도 발가락을 떠는 일행
중 참을성 없는 누군가가 기침을 한다
억지 기침소리에 흔들리는 경고등
빨간 불빛을 토한다 급하게
갈수록 예민해지는 신호기
누군가가 계기를 조작해 놓고

음흉한 미소를 나누고 있었다
일행은 서로 얼굴 마주 보며
익숙한 솜씨로 짐을 챙기고
끝내 희망 속으로 숨어 갈 때
복면은 대피 사이렌을 울리고 숨는다
살 떨리는 소리로 흔들리는 바닥 위에서
나는 멋진 춤을 추리라
손을 놓고 엉금살금 기었다
바닥도 없이 떨어진다

11

경고등이 보내는 단절음 속에서도
나는 다음날을 위해 잠이 든다 억지로
순한 침을 흘리며 잠이 든다
잠든 나를 들여다 보는 유리구멍
흔들리는 도시와 함께
이제는 깨어져 내릴 모래도 없이
죽은 물냄새를 풀어 잠든 사이
사막으로 목조건물을 끌고 간다
잠 속에서 만나는 복면한 손
풀들 이마며, 풀벌레 눈썹이며

드디어 잠을 깨우는 불빛 투성이
그늘을 태우는 붉은 혓바닥이며
기침소리들을 삼킨다
나는 일어서서 가리다
닳고 닳은 무릎으로 가리다
눈 뜨고 귀 열고 말문 열어 흔들릴지라도
깨어진 이마에 새 살은 차 오르고
불타 오르는 목조건물 사라지는
이층 아니면 까마득한 지하층에서
새 옷을 갈아 입는다

12

물 흐르는 소리와 함께 강가에서
덧문 닫힌 풍경을 함께 보고
세상을 돌던 소문과 유령들이
반디불로 깜박이다 돌아간다
잠 깬 일행이 부는 휘파람소리에
조금씩 열리는 구멍
쥐며 벌레며 개미며 두더지 얼굴들이
보인다 흉측한 손이 키우는
낡고 삭은 기둥을 흔드는 바람

까마득한 이층에서 들리는 비명
까마득한 지하층에서 들리는 아우성
일행이 용서한 그림자들이
바닥에 엎드려 거듭 용서를 빌고
벌판으로 살아 있는 벌판으로 간다
달빛을 호흡하고 웅웅대는 나를
잡목 숲 속에서 부르는 소리가 있다
멀리 그 도시 높은 빌딩 속에서
방금 외과 수술이 끝나고
복면 쓴 태양이 계단을 오른다
다음 날이 무너지고 있다
다음 날, 그 다음 날도 다시
그, 그 다음 날도 셀 수 없이

13

일행이 나눠 갖는 살 냄새로
꽃밭 위에 그늘이 진다
낡은 옷을 벗어버린 여인은 알몸으로
흔들린다 물결 무늬로
길을 나선 햇볕 하나 동서로
흔들린다 긴장한 얼굴이 들여다보는

구멍이 흔들린다 목조건물이
내가 가서 만나는 눈빛으로
설움이 북받치는 강물 하나
낡은 바다에 가서 닿는다
잃어버린 시간과 그 도시를 나누는 강물
내가 만나는 유령들이 거기에 살고
일행이 버린 피와 살이 익사해
흔들리는 구멍 속에서 참담하다
몇 번씩 갖는 다짐과 새로운 출발로
젊음을 바다에 빠뜨린 사내들
원행할 짐과 양식을 마련하여
구멍 밖으로 내던지고
살 비틀림으로 빠져 나온 뼈를
낡은 하늘에 가서 쌓는다

14

내가 보는 구멍 속으로 가끔
일행과 몸 섞으며
숨죽인 일행을 옹호하는 낡은 하늘
나는 손 흔들어 보였다
맑은 구름과 따뜻한 빛이

머리위로 내렸다 함께
새로 돋은 초목을 노래 부른다
낡은 목조건물 이층에까지
초목 움트는 물이 오르고
일행은 마주 보며
나가 봐야겠다 나가 봐야겠다
무너지지 않는 목조건물
구멍 속 더 깊은 구멍 속으로
거꾸로 서서 가는
지하층 아니면 까마득한 이층을
오르내리던 계단은
간직했던 비명을 멈추지 못하고
벌레들이 눈뜨는 소리
마른 소리에 불을 지르고
다시 나가 봐야겠다
다시 나가 봐야겠다

15

만물은 창세기적 눈을 뜨고
더 크고 밝은 구멍 속을 간다
구멍 속으로 낡은 건물이 둘 셋씩

발 묵은 때를 씻는다
구멍으로 나와 구멍으로 드는
눈뜨지 못한 파릇한 햇빛 하나
이마 위에 살아 있고
벌판을 향하여 많이도 기다렸던
일행은 각기 헤어져
새로 세우는 목조건물 튼튼한
이층 아니면 지하층에서
불타지 않고 무너지지 않고 오른다
쥐며 벌레며 개미며 두더지 이빨들이
닿을 수 없는 안온한 천정
더 크고 아늑한 구멍 속을 간다
마루바닥, 기둥, 벽 할 것 없이
삐걱이며 마구 흔들릴 때
도처에 웅크리고 앉은 구멍
무너져 내린다 천천히 그 깊은 눈
흙 위 큰 입을 다문다